Aktivierung to go

55 Ratespiele für Senior*innen

Gisela Mötzing

Verlag an der Ruhr

Impressum

Titel | Aktivierung to go: 55 Ratespiele für Senior*innen

Autorin | Gisela Mötzing

Umschlagmotive | Fuchs: © Olga_Angelloz – Shutterstock.com; alle anderen © Verlag an der Ruhr

Illustrationen | wenn nicht anders angegeben © Verlag an der Ruhr

Lektorat | Katia Simon

Druck | AZ Druck und Datentechnik GmbH, Kempten, DE

Verlag an der Ruhr
Mülheim an der Ruhr
www.verlagruhr.de

Wichtiger Hinweis

Der Verlag an der Ruhr legt großen Wert auf eine geschlechtergerechte und inklusive Sprache. Daher nutzen wir bevorzugt das Gendersternchen, um sowohl männliche und weibliche als auch nichtbinäre Geschlechtsidentitäten einzuschließen. Alternativ verwenden wir neutrale Formulierungen. An einzelnen Stellen in diesem Buch verzichten wir dennoch auf das Gendern. Dies ist eine Einzelfallentscheidung aus didaktischen Gründen und ist in keinem Fall ausschließend oder diskriminierend zu verstehen.

ISBN 978-3-8346-4385-8

Inhaltsverzeichnis

Einführung **5**

Bekannte Ratespiele aus früheren Zeiten *6*

1 | Teekesselchen raten 8
2 | Stadt, Land, Fluss mal anders 10
3 | Stille Post. 12
4 | Beruferaten 14
5 | Ich sehe was, was du nicht siehst 16
6 | Ich packe meinen Koffer 18
7 | Ringlein, Ringlein . . . 20
8 | Schiffchen versenken 22
9 | Zuzwinkern 24
10 | Scharade 26
11 | Uhrenspiel 28
12 | Kennen Sie noch Muckefuck? 30
13 | Wer bin ich? 32

Gedächtnisspiele *34*

14 | Satz für Satz 36
15 | Versteckte Wörter . . 38
16 | Wo gehört das hin? 40
17 | Max und ... (Moritz) 42
18 | Was gehört nicht dazu? 44
19 | Gedankenspaziergang 46
20 | Gegensätze raten . . . 48
21 | Verdrehte Sprichwörter 50
22 | Namensinitialen gesucht! 52
23 | Welches Brückenwort passt? 54
24 | Zwei Begriffe, eine Gemeinsamkeit 56
25 | Wer moderierte was? 58
26 | Wasser, Erde, Luft . . 60
27 | Buchstaben-Puzzle 62
28 | Liederraten 64

Kreativspiele *66*

29 | Was fehlt? 68
30 | Musikalische Pantomime 70
31 | Was ist anders? 72
32 | Morsespiel 74
33 | Rückenmalerei 76
34 | Was passt dazu? 78
35 | Hören Sie gut zu! ... 80
36 | Wahr oder falsch? .. 82
37 | Gegenstände schätzen 84
38 | Montagsmalen 86
39 | Welches Accessoire fehlt? 88
40 | Tast-Kim........... 90
41 | Dalli Klick 92
42 | Denken Sie um die Ecke!.............. 94

Interaktionsspiele .. *96*

43 | Ich bin Frau Müller 98
44 | Herr Bender raucht gern Zigarren 100
45 | Mein rechter, rechter Platz 102
46 | Wo ist mein*e Partner*in? 104
47 | Visitenkarte 106
48 | Geburtsmonate raten 108
49 | Mein Lieblingsessen ist 110
50 | Was reimt sich? 112
51 | Wer ist denn das? .. 114
52 | Abc-Spiel mit dem Ball 116
53 | Welche ist die Stadt der Liebe? 118
54 | Lieblingsfarbe 120
55 | Flaschendrehen mal anders 122

Geragogische Ziele 124

Einführung

Liebe Betreuungskräfte,

Spielen regt an und bereitet Freude. Zudem brauchen Sie manchmal schnell einsetzbares Material, um Zeitlücken zu füllen, oder suchen eine Abrundung eines Angebots. Dafür sind die „55 Ratespiele für Senior*innen" ideal geeignet. Die Ratespiele bieten kurzweilige und spannende Unterhaltung **für die Gruppen- oder Einzelbetreuung** und sind ein **abwechslungsreiches Gedächtnistraining**. Varianten (+ = schwerer, – = leichter) und weiterführende Ideen machen es Ihnen leicht, die Spiele an Ihre Teilnehmenden und deren individuelle Fähigkeiten anzupassen. So sind einige Spiele auch für Menschen mit Demenz geeignet. Für eine bessere kognitive Verarbeitung sind bei manchen Spielen Notizen in großer Schrift auf Flipchart oder Tafel sinnvoll.
Viele der Spiele sind bekannt und beliebt. **Falls Materialien gebraucht werden, sind es Alltagsmaterialien**.
Auf den letzten Seiten finden Sie eine praktische **Übersicht mit den geragogischen Zielen** der Spiele.
Ich wünsche Ihnen Freude und Spaß beim Raten

Gisela Mötzing

Bekannte Ratespiele aus früheren Zeiten

Teekesselchen raten

Ein Teekesselchen ist ein Wort mit mindestens zwei Bedeutungen, z. B. Birne: Glühbirne – Obst. Im klassischen Teekesselchen-Spiel beschreiben zwei Personen abwechselnd je eine der Bedeutungen. Das geht auch allein: Umschreiben Sie abwechselnd die Teekesselchen-Begriffe mit einfachen Sätzen (z. B. Birne: „Mein erstes Teekesselchen leuchet. – Mein zweites Teekesselchen schmeckt süß.“). Ihre Teilnehmenden raten. Wenn ein Begriff erraten wurde, beschreiben Sie ein weiteres Teekesselchen.

Beispiele

Bank, Dame, Ball, Boxer, Note, Bart, Hahn, Blatt, Schale, Blume, Mandel, Feder, Strom, Bremse, Löffel, Löwenmaul, Amerikaner, Bach, Strom

Variante

- Eine*r der Teilnehmenden beschreibt den anderen ein Teekesselchen: Sie geben ein Teekesselchen vor (schriftlich oder leise ins Ohr gesprochen) und die Person umschreibt den Begriff. Die übrigen Teilnehmenden raten.

TIPP *Sie können Teekesselchen gut in eine themenzentrierte Aktivierung integrieren, z. B. für das Thema „Tiere“: Hahn, Boxer, Ente, Fliege, Bulle, Bremse.*

Stadt, Land, Fluss mal anders

Stellen Sie Fragen zu den Themenbereichen „Stadt, Land, Fluss" und geben Sie drei Antwortmöglichkeiten vor, z. B.: „Welche Stadt mit **B** ist Bundeshauptstadt von Deutschland? **Berlin** – Bonn – Bremen?" Raten Sie gemeinsam und lassen Sie die Senior*innen über die Antwortmöglichkeiten diskutieren.

Beispiele

- Welcher Fluss mit **W** fließt nicht durch Deutschland?
  Weser – **Wolga** – Werra
- Welches der folgenden Länder hat die meisten Einwohner*innen?
  Dänemark – Frankreich – **Deutschland (ca. 83 Millionen**)

Variante

- Spielen Sie das Rate- und Wissensspiel in seiner Originalform: Legen Sie vorab die Kategorien fest, z. B. Stadt, Land, Fluss, Beruf, Pflanze, Tier. Ermitteln Sie einen Buchstaben aus dem Abc, indem Sie eine*n Teilnehmende*n bitten, innerlich das Abc aufzusagen. Sie sagen „Stopp!“ und der*die Teilnehmende nennt den Buchstaben, mit dem nun alle gemeinsam für jede Kategorie so viele Begriffe wie möglich finden. Schließen Sie schwierige Buchstaben, wie X, Y, Z, Q, V, C und J, aus.

Stille Post

Sie sitzen mit den Teilnehmenden in einer Runde und flüstern der Person links neben sich leise ein schönes Wort ins Ohr. Diese gibt das Wort nun, ebenfalls flüsternd, an den*die Teilnehmende*n links neben sich weiter. So wandert das geflüsterte Wort in der Runde, bis es wieder bei Ihnen ankommt. Sie sprechen das Wort, das bei Ihnen angekommen ist, laut aus. Es darf gelacht werden!

Varianten

- Flüstern Sie dem*der Teilnehmenden links neben sich einen kurzen Satz ins Ohr, den er*sie weiterflüstert. Dies erfordert mehr Konzentration.
- Lassen Sie eine*n der Teilnehmenden ein Wort oder sogar einen Satz seiner*ihrer Wahl in die Runde flüstern.

  Beispiele
  - Heute ist ein schöner Herbsttag.
  - Morgen, Kinder, wird's was geben.
  - Hab Sonne im Herzen.

TIPP *Setzen Sie dieses unterhaltsame und lustige Kommunikationsspiel z. B. ein, wenn Sie in der Gruppe eine kurze Wartezeit überbrücken müssen.*

Beruferaten

Stellen Sie für sich selbst eine Liste mit Berufen auf, die den Teilnehmenden bekannt sind, z. B. Friseur*in, Schneider*in, Sekretär*in, Gärtner*in, Koch bzw. Köchin, Maler*in, Nachrichtensprecher*in, Arzt*Ärztin, Altenpfleger*in. Stellen Sie den Beruf mit einer typischen Bewegung pantomimisch dar. Der*die Teilnehmende, der*die richtig geraten hat, (oder eine freiwillige Person) führt das Spiel fort. Dabei geben Sie dem*der Teilnehmenden den Beruf vor.

Weiterführende Ideen

- Umschreiben Sie typische Tätigkeiten eines Berufes in einfachen Worten. Der*die Teilnehmende, der*die den Beruf richtig geraten hat, beschreibt den nächsten Beruf durch typische Tätigkeiten. Geben Sie ihm*ihr den Beruf ggf. vor.

  Beispiel

  Arzt bzw. Ärztin: Personen mit diesem Beruf tragen meistens einen weißen Kittel. Sie untersuchen Menschen, manche von ihnen auch Tiere. Sie helfen Menschen (und Tieren) bei gesundheitlichen Problemen.

- Sie überlegen sich einen Beruf. Die Teilnehmenden stellen Fragen, die Sie nur mit „Ja" oder „Nein" beantworten, und erraten so den gesuchten Beruf.

5

Ich sehe was, was du nicht siehst

Sie suchen sich einen farbigen Gegenstand im Raum aus, den alle gut sehen können, und sagen: „Ich sehe was, was du nicht siehst, und das ist ... (z. B.) gelb“. Die Teilnehmenden schauen sich nach gelben Gegenständen um und raten, welchen Sie meinen, z. B. die Sonnenblume auf dem Fensterbrett. Der*die Teilnehmende, der*die richtiglag, spielt weiter und sucht sich einen farbigen Gegenstand im Raum aus.

Variante

- Falls ein Gegenstand allein durch die Farbnennung nicht erraten wird, können Sie weitere Merkmale des Gegenstandes nennen, bis dieser erkannt wird.

  Beispiel

  - Ich sehe was, was du nicht siehst, und das ist gelb.
  - Ich sehe was, was du nicht siehst, und das ist gelb und etwas grün.
  - Ich sehe was, was du nicht siehst, und das ist gelb, etwas grün und steht auf der Kommode.

TIPP *Beginnen Sie mit einem leicht zu ratenden Gegenstand ganz in der Nähe, um ein schnelles Erfolgserlebnis zu ermöglichen.*

Ich packe meinen Koffer

Sie beginnen, indem Sie z. B. sagen: „Ich packe meinen Koffer und nehme eine Zahnbürste mit." Die Person links neben Ihnen wiederholt den Satz und fügt einen weiteren Gegenstand ihrer Wahl hinzu. Die Person daneben wiederholt den Satz mit den beiden Gegenständen und ergänzt einen weiteren. So wird reihum gespielt. Alle Teilnehmenden achten darauf, dass jeweils alle Gegenstände auch in der korrekten Reihenfolge genannt werden. Die Spielrunde ist vorbei, wenn alle Teilnehmenden dran waren. Dann können Sie den Koffer neu packen lassen.

Varianten

- Wenn jemandem ein Begriff nicht einfällt, können Sie oder ein*e andere*r Teilnehmende*r diesen zur Unterstützung pantomimisch darstellen, z.B. Zähneputzen.
- Sie können ein konkretes Thema vorgeben, z.B. Winterreise, Seeurlaub, Wanderferien.
- Lassen Sie einen Einkaufswagen packen, z.B. „Ich lege in meinen Einkaufswagen ein halbes Pfund Butter." Der*die nächste Teilnehmende fügt ein weiteres Lebensmittel hinzu.

7

Ringlein, Ringlein

Die Teilnehmenden sitzen im Kreis. Eine*r befindet sich als ratende Person außerhalb der Runde. Gemeinsam singen alle das bekannte Kinderlied:

*„Ringlein, Ringlein, du musst wandern
von der einen Hand zur andern.
Das ist schön, das ist schön.
Ringlein, lass dich nur nicht sehn."*

Während des Singens geben die Teilnehmenden möglichst unbemerkt einen Ring im Kreis weiter. Am Ende des Liedes rät die außen stehende Person, wer den Ring gerade hat. Diese Person ist als nächste mit dem Raten dran.

Varianten

- Anstelle des Ringes können Sie auch einen Taler/ ein Geldstück einsetzen. Dann lautet das Lied: „Taler, Taler, du musst wandern …"
- Wenn die Teilnehmenden nicht gut greifen können, gehen Sie im Inneren des Kreises herum. Dabei halten Sie den Ring in Ihren geschlossenen Händen (Handflächen aneinander), die Sie oberhalb der geöffneten Hände der Teilnehmenden entlangführen. Lassen Sie den Ring bei einer Person möglichst unbemerkt für die anderen in die Hände fallen und gehen Sie weiter. Am Ende des Liedes tippt die ratende Person, wer den Ring hat.

TIPP *Viel Freude macht es, wenn Sie das Spiel mit Kindern und Senior*innen gemeinsam spielen.*

8

Schiffchen versenken

Das Spiel wird paarweise gespielt. Pro Paar bereiten Sie zwei Blätter vor: auf jedem Blatt zeichnen Sie 11-mal elf Kästchen ein – am Rand vertikal mit Buchstaben und horizontal mit Zahlen bezeichnet (siehe S. 25). Jede*r Teilnehmende zeichnet darauf im Geheimen ein bis drei Schiffchen ein, indem er*sie einen Kreis in das Kästchen malt. Ziel ist es, die Schiffchen des*der Mitspielenden zu versenken. Beide nennen dafür abwechselnd Koordinaten. Bei einem Treffer wird ein X gemacht und weitergetippt. Gab es keinen Treffer, wird gewechselt. Gewonnen hat, wer zuerst alle Schiffe des Gegners bzw. der Gegnerin versenkt hat.

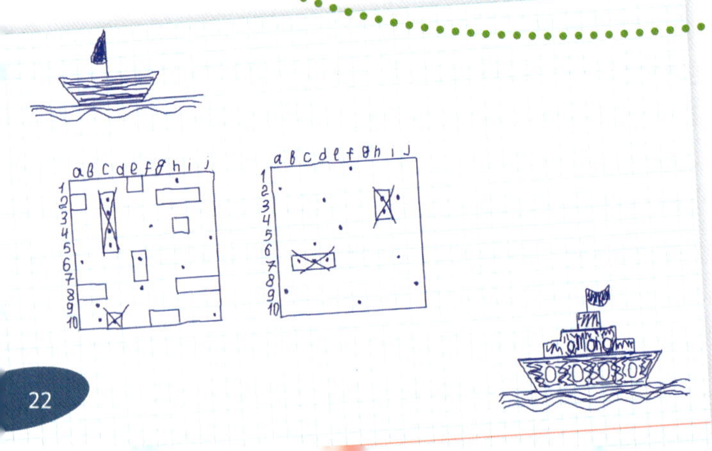

Beispiel

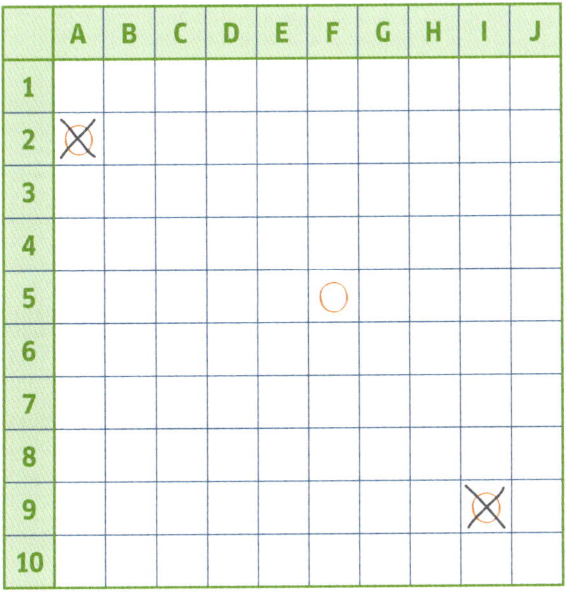

Varianten

- Variieren Sie die Anzahl und Größe der Schiffchen bzw. der Kästchen: Legen Sie vorher fest, wie viele Schiffchen jede*r einzeichnen darf, z. B. drei Schiffchen, in einer Größe von max. 3-mal einem Kästchen.
- Gestalten Sie das Spielfeld kleiner.

Zuzwinkern

Sie sitzen mit den Teilnehmenden gemeinsam im Stuhlkreis und beginnen als Zuzwinkernde*r, indem Sie eine*n Teilnehmende*n anzwinkern. Wenn die Person gemerkt hat, dass sie gemeint ist, ruft sie laut „Hurra!" und darf selbst jemanden anzwinkern. Anschließend spielt der*die nächste angezwinkerte Teilnehmende weiter usw.

Variante

- Jede*r Teilnehmende bekommt eine Spielkarte von einem Skatspiel. Teilen Sie nur einen Buben aus, er ist der Joker. Wer den Joker hat, beginnt. Die anderen legen ihre Karte umgedreht auf ihren Oberschenkel. Die Person mit dem Joker zwinkert nun eine*n Teilnehmende*n an. Erkennt diese Person, dass sie angezwinkert wurde, dreht sie die Karte um. Das Spiel ist zu Ende, wenn alle ihre Karten umgedreht haben.

TIPP *Das Zuzwinkerspiel ist von früher ggf. als „Mörderspiel“ bekannt. Spielen Sie es nicht unter diesem Namen. Es könnte ein negativer Erinnerungsauslöser sein.*

10

Scharade

Sie sind die Spielleitung und geben die zu ratenden Doppelwörter vor, die in diesem Spiel pantomimisch dargestellt werden. Überlegen Sie sich vorab ein paar Doppelwörter (zusammengesetzte Nomen) und notieren Sie diese ggf. auf einem Blatt Papier. Sie beginnen mit der Darstellung des ersten Begriffs, z. B. „Regenmantel" oder „Handschuh", ohne dabei zu sprechen. Die Teilnehmenden raten. Wer richtig geraten hat, spielt weiter und stellt selbst einen Begriff dar, den Sie vorgeben.

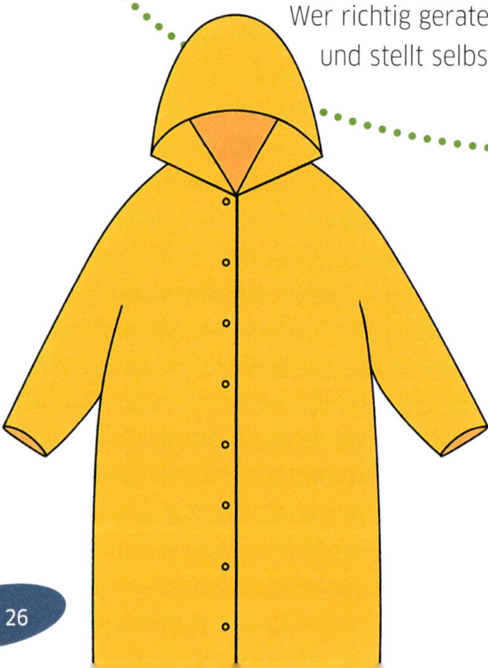

Beispiele

Armleuchter, Fußball, Blumentopf, Glühbirne, Regenmantel, Zahnbürste, Kuhmilch, Wanduhr

Varianten

- Falls es für die Teilnehmenden zu schwierig ist, Doppelwörter zu erraten, geben Sie einfache Wörter vor, z.B. Tür, Ball, Schere, Schuh, Hut.
- Bereiten Sie Zettel mit den Doppelwörtern in großer Schrift vor. Jede*r Teilnehmende zieht einen Zettel und stellt diesen Begriff dar. Die anderen raten.
- Zwei Teams spielen gegeneinander. Je ein*e Teilnehmende*r stellt für die eigene Mannschaft einen Begriff dar, diesen hat er*sie kurz vorher von der Spielleitung bekommen. Die andere Mannschaft rät. Die Mannschaft, die mehr Begriffe errät, hat gewonnen.

Uhrenspiel

Sie überlegen sich ein einfaches, bekanntes und themenbezogenes Wort, z. B. „Herbst“ als jahreszeitlichen Begriff. Sie zeichnen nebeneinander kurze Querstriche auf ein Blatt Papier: Für jeden Buchstaben des Wortes einen. Die Teilnehmenden nennen nun reihum je einen Buchstaben. Kommt dieser in dem gesuchten Wort vor, tragen Sie ihn an der passenden Stelle ein. Ist es ein falscher Buchstabe, beginnen Sie, Strich für Strich eine Uhr zu zeichnen: erst ein Kreis, dann die Zahlen eins bis zwölf. Wird das gesuchte Wort geraten oder ist die Uhr fertig geworden, ist das Spiel zu Ende.

Varianten

- Wählen Sie ein sehr kurzes Wort aus einem bekannten Themenbereich oder aus dem Alltag aus, z. B. ein Tier oder einen Haushaltsgegenstand.
- Geben Sie ein bis zwei Buchstaben des gesuchten Wortes vor und tragen Sie diese bereits ein.
- Suchen Sie ein längeres Wort, vielleicht sogar ein Doppelwort, aus. Geben Sie aber immer ein Thema vor.

  Beispiele

  Winter: Schneemann, Schlittschuh, Schlittenfahrt, Weihnachtsmann, Skifahren, Schneeräumen …

  Tiere: Elefant, Haselmaus, Ziegenbock, Zwergkaninchen, Kanarienvogel, Kohlmeise …

TIPP *Das Wortspiel war früher als Galgenmännchen oder Hängemännchen bekannt. Spielen Sie es als Uhrenspiel, damit keine negativen Assoziationen durch das Wort geweckt werden.*

Kennen Sie noch Muckefuck?

Das Wortspiel regt zum Raten und Erzählen an. Fragen Sie die Teilnehmenden nach Wörtern von früher, die heute oft oder nicht mehr benutzt werden, z. B. „Muckefuck" oder „Buttervogel". Fragen Sie: „Was ist Muckefuck? Woraus besteht er?" Alle dürfen mitraten. Lassen Sie Gespräche über die Bedeutung des Wortes zu und lenken Sie als Gruppenleitung das Gespräch.

Beispiele

- **Muckefuck** = Kaffeeersatz aus Zichorien, dünner Kaffee oder Mischung aus beidem
- **Groschen** = 10-Pfennig-Stück
- **Oheim** = Onkel
- **Buttervogel** = Schmetterling
- **Kokolores** = Unsinn, Unfug
- **Mamsell** = Küchenhilfe
- **Peterwagen** = Polizeiauto
- **Brimborium** = überflüssiges Handeln
- **Affenschaukel** = Mädchenfrisur mit zu Schlingen hochgesteckten Zöpfen
- **Hagestolz** = männlicher, älterer Single
- **Schwerenöter** = Mann, der den Frauen und dem Alkohol zuspricht
- **Gegreine** = Weinen

Varianten

- Fragen Sie die Teilnehmenden, an welche Wörter sie sich von früher erinnern, die heute nicht mehr oder nur selten benutzt werden.
- Drehen Sie das Spiel um: Geben Sie die Bedeutung eines fast vergessenen Wortes vor und fragen danach, wie es früher genannt wurde.

Wer bin ich?

Alle sitzen in einer Runde und Sie kleben dem*der ersten Teinehmer*in einen Zettel mit dem Namen einer prominenten Person auf den Rücken. Diese*r Teilnehmer*in kennt die Aufschrift nicht. Alle anderen können sie lesen, wenn er*sie einmal aufsteht und sich umdreht.
Der*die Spieler*in rät nun: „Wer bin ich?" Dafür stellt er*sie den anderen Fragen, die nur mit „Ja" oder „Nein" beantwortet werden. Als Gedankenstütze können Sie den Namen auf einem Blatt Papier notieren und bei Bedarf den Teilnehmenden zeigen. Wenn der*die Spieler*in richtig geraten hat, ist jemand anderes dran.

Beispiele

- Schlagersängerin: **Caterina Valente**
- Schauspieler/Schlagersänger: **Peter Alexander**
- berühmte weibliche Filmrolle: **Sissi**
- Politikerin: **Angela Merkel**
- Komiker/Kabarettist: **Heinz Erhardt**
- langjähriger Fernsehmoderator: **Thomas Gottschalk**

Variante

- Grenzen Sie die zu erratende Person von vornherein ein, etwa Schauspieler aus den 1950er-Jahren, Schlagersänger aus den 1960er-Jahren.
  Beispiel
  Die gesuchte Person ist eine Schlagerlegende aus der Nachkriegszeit. – **Freddy Quinn**

TIPP *Der*die Ratende kann auch einen Hut aufziehen, an dem der Zettel mit dem zu ratenden Namen befestigt ist. Der*die Teilnehmende muss vorab sein Einverständnis dafür geben.*

Gedächtnisspiele

14

Satz für Satz

Beschreiben Sie einen Alltagsgegenstand (z. B. ein Tier oder eine Pflanze) Satz für Satz, sodass mit jedem Satz eine weitere Eigenschaft des Gegenstandes verraten wird. Beschreiben Sie den Gegenstand so lange weiter, bis er erraten wird. Alle Teilnehmenden raten gemeinsam.

Beispiele

Kartoffel

- Gesucht wird ein beliebtes Grundnahrungsmittel.
- Für viele Menschen war und ist es noch lebenswichtig.
- Es ist vor langer Zeit von einem anderen Erdteil zu uns nach Deutschland gekommen.
- Es kann sehr vielseitig verwendet werden.

Wasser

- Gesucht wird ein Gut, das Sie jeden Tag benötigen.
- Obwohl es für uns selbstverständlich ist, gehört es doch zu den kostbarsten Gütern.
- Sie benötigen es z. B. in der Küche, im Badezimmer oder zum Putzen.

TIPP *Gestalten Sie Rätsel aus der Lebenswelt der Teilnehmenden. Das fördert die so wichtigen Erfolgserlebnisse.*

Versteckte Wörter

Überlegen Sie sich ein Wort, das sich aus drei Wortteilen zusammensetzt, z. B. „Dachdeckermeister". Lesen Sie die einzelnen Wortteile in einer falschen Reihenfolge vor, z. B. „Meister – Decker – Dach". Die Teilnehmenden raten, welches zusammengesetzte Wort sich hinter den Wortteilen verbirgt. Manchmal kann es auch mehrere Antwortmöglichkeiten geben.

Variante

- Wählen Sie ein Wort aus, das aus mehreren Wortteilen besteht, und schreiben Sie es in großer Schrift auf ein Flipchart oder eine Tafel. Die Teilnehmenden zerlegen das Wort in mehrere neue Wörter. Dabei können auch Silben
und Buchstaben umgestellt werden. Schreiben Sie die gefundenen Wörter auf und lesen Sie sie vor, sobald niemandem mehr ein neuer Begriff einfällt.
- Geben Sie jeweils einem schreibfitten Paar ein Wort vor. Gemeinsam zerlegen die Teilnehmenden das Wort in möglichst viele neue Wörter und notieren sie. Tragen Sie hinterher alle Ergebnisse zusammen.

TIPP *Wählen Sie Wörter aus, die thematisch zur Gruppenstunde passen, z. B. „Fußballweltmeisterschaft" oder „Weihnachtsgeschenkeeinkauf".*

16

Wo gehört das hin?

Geben Sie eine oder mehrere Zeilen aus einem bekannten Lied, Gedicht oder auch aus der Bibel vor und lassen Sie die Teilnehmenden raten, zu welchem Text diese Zeilen gehören. Es darf diskutiert werden.

Beispiele

- „Ich träumt' in seinem Schatten so manchen süßen Traum."
  = Lied: „Am Brunnen vor dem Tore"
- „Armes Häschen bist du krank, dass du nicht mehr hüpfen kannst?"
  = Kinderspiel: „Häschen in der Grube"
- „Heute back ich, morgen brau ich, übermorgen hol ich der Frau Königin ihr Kind (...)."
  = Märchen: „Rumpelstilzchen"

TIPP *Nehmen Sie die vorhandenen Liederbücher, Gedichtbände und die Bibel zurhilfe.*

Max und ... (Moritz)

Bei diesem Ratespiel arbeiten die Teilnehmenden zusammen. Sie ergänzen Partner*innen zu berühmten Paaren. Diese können aus verschiedenen Bereichen stammen, z. B. Film, Kunst, Literatur, Musik, Politik. Sie geben eine Hälfte des Paares vor, z. B. „Adam", und die Teilnehmenden überlegen, wer dazugehört, in diesem Fall „Eva".

Fördern Sie das Gespräch zwischen den Teilnehmenden.

Beispiele

- Max und **Moritz**
- Hänsel und **Gretel**
- Schneeweißchen und **Rosenrot**
- Asterix und **Obelix**
- Stan und **Ollie** (Dick und **Doof**)
- Pat und **Patachon**
- Rotkäppchen und **der böse Wolf**
- Richard Burton und **Liz Taylor**
- Cindy und **Bert**
- Tristan und **Isolde**
- Alice und **Ellen Kessler**
- Helmut und **Hannelore Schmidt** (Smoky und Loki)
- Winnetou und **Old Shatterhand**
- Don Camillo und **Peppone**

Weiterführende Idee

- Fragen Sie die Teilnehmenden nach weiteren berühmten Paaren und fördern Sie ein Gespräch darüber.

18

Was gehört nicht dazu?

Sie nennen den Teilnehmenden drei Begriffe, von denen einer nicht zu den anderen passt, z. B. Bus – **Flugzeug** *(fährt nicht auf der Straße)* – Fahrrad. Die Teilnehmenden raten, welcher das ist, und begründen dies. Die Person, die richtiglag, bekommt einen Punkt. Wer nach zehn Runden die meisten Punkte hat, darf sich ein Lied wünschen, das gemeinsam gesungen wird.

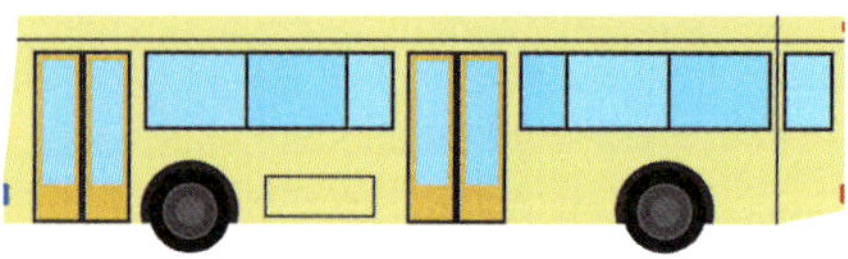

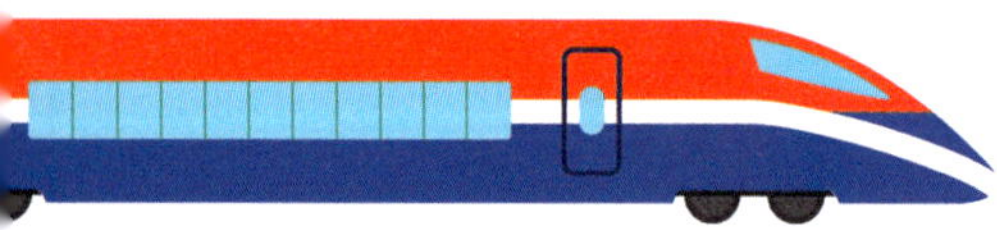

Beispiele

- Frankreich – Deutschland – **Mailand** *(kein Land)*
- Grünkohl – Wirsing – **Rote Bete** *(kein Kohl)*
- **Rose** – Krokus – Narzisse *(kein Frühblüher)*
- Kartoffel – Möhre – **Spinat** *(wächst oberirdisch)*
- Storch – **Meise** – Schwalbe *(kein Zugvogel)*

Varianten

– Teilen Sie die Teilnehmenden in Gruppen oder in Paare auf, damit gemeinsam geraten wird.

\+ Erhöhen Sie auf vier Wörter:

Beispiele

Fluss – Bach – **Teich** – Strom
(kein fließendes Gewässer)

Hammer – Amboss – Steigbügel – **Säge**
(kein Gehörknöchelchen)

Zeitung – Fernsehen- Radio – **Papier**
(kein Medium)

TIPP *Setzen Sie die Übung als Mittelteil einer Gedächtnistrainingseinheit ein. Beginnen Sie immer mit der leichten Variante.*

19

Gedankenspaziergang

Erzählen Sie eine kurze Geschichte über einen Spaziergang in der Natur, z. B. passend zur Jahreszeit. Nennen Sie dabei fünf sehr wichtige Wegstationen. Bitten Sie die Teilnehmenden, sich den Spaziergang in inneren Bildern vorzustellen und sich den Weg genau zu merken. In der Geschichte werden die fünf Wegstationen jeweils 2-mal hintereinander erwähnt. Nachdem Sie zu Ende vorgelesen haben, fragen Sie nach dem Weg und nach den Wegstationen. Wer hat sich alle gemerkt oder errät sie? Geben Sie ein bisschen Unterstützung, falls nötig.

Beispiel

Wir machen einen schönen Winterspaziergang im Schnee. Von der Haustür geht **ein breiter Weg (1)** ab, ein sehr **breiter Weg**.
Nachdem wir das Haus verlassen haben und einige Minuten durch den Schnee gestapft sind, biegen wir **rechts (2)** ab. Es ist eine sehr scharfe, **rechte** Kurve. Nach wenigen Metern sehen wir einen sehr **alten Baum (3)**, der mit Eiszapfen behängt ist. Was für ein schöner, **alter Baum**. Weiter geht es an einem **Bach (4)** entlang, an einem schmalen **Bach**, auf dem eine dicke Eisschicht liegt. Dann kommen wir an eine große **Kreuzung (5)** und wir wissen nicht, in welche Richtung wir weitergehen sollen. An der **Kreuzung** kehren wir um und machen uns auf den Heimweg.

Variante

- Erhöhen Sie die Zahl der Wegstationen auf sechs bis acht.

Gegensätze raten

Nennen Sie ein Eigenschaftswort und die Teilnehmenden raten den Gegensatz dazu, z. B. groß ➔ **klein**. Manchmal gibt es auch mehrere Antwortmöglichkeiten. Lassen Sie alle Möglichkeiten gelten.

Beispiele

hoch	→	tief
schön	→	hässlich
satt	→	hungrig
fröhlich	→	ernst
glatt	→	rau
weich	→	hart
böse	→	gut
ängstlich	→	mutig
dumm	→	schlau, intelligent
eben	→	hügelig, bergig

Variante

- Stellen Sie Nomen vor, von denen die Gegensatzwörter gefunden werden sollen.

Beispiele

Erde	→	Luft
Mond	→	Sonne
Sommer	→	Winter
Gewinn	→	Verlust
Licht	→	Dunkelheit
Kälte	→	Hitze
Liebe	→	Hass

Verdrehte Sprichwörter

Notieren Sie für sich einige sehr bekannte Sprichwörter. Verfremden Sie nun eines davon um ein oder zwei Wörter, z. B. Ein **Hund** in der Hand ist **schlechter** als eine Taube auf dem Dach *(Spatz, besser)*. Fragen Sie die Teilnehmenden nun, wie das Sprichwort richtig lautet. Es darf gemeinsam überlegt und geraten werden.

Beispiele

- **Frische** Liebe rostet **nie**. *(alte, nicht)*
- Aller **schlechten** Dinge sind drei. *(guten)*
- **Zehn** Köche verderben **das Mittagessen**. *(viele, Brei)*
- Wer nicht hören will, muss **sehen**. *(fühlen)*
- Gleich und gleich gesellt sich **kaum**. *(gern)*
- Morgenstund hat **Sonne** im Mund. *(Gold)*
- **Spät** gefreit, hat **oft** gereut. *(jung, nie)*

Variante

- Vertauschen Sie die Reihenfolge der Wörter in einigen Sprichwörtern. Die Teilnehmenden raten, wie das Sprichwort richtig lautet.

Weiterführende Idee

Fragen Sie die Teilnehmenden nach weiteren Sprichwörtern, sprechen Sie darüber, was diese bedeuten und welchen Sinn sie haben.

22

Namensinitialen gesucht!

Nennen Sie die Initialen bekannter Persönlichkeiten. Die Teilnehmenden raten, wen Sie meinen. Es ist auch möglich, dass mehrere Namen zu Initialen passen. Geben Sie jeweils an, ob es sich um eine verstorbene oder eine lebende Person handelt.

Beispiele

- **A. M.** = Angela Merkel
- **T. H.** = Theodor Heuss
- **W. B.** = Willy Brandt
- **E. P.** = Elvis Presley
- **R. B.** = Roy Black
- **R. S.** = Romy Schneider
- **P. A.** = Peter Alexander
- **C. R.** = Chris Roberts
- **H. E.** = Heinz Erhardt

Varianten

- Falls die Teilnehmenden nicht auf die Lösung kommen, geben Sie weitere Informationen zu der gesuchten Person, z. B. „Bei A. M. handelt es sich um eine Frau."
- Sie grenzen im Vorhinein den Personenkreis ein, z. B. Politiker*in, Schauspieler*in.
- Fragen Sie die Teilnehmenden nach weiteren Namensinitialen bekannter Persönlichkeiten und ob sie diese zum Raten vorstellen möchten.

Welches Brückenwort passt?

Ein Brückenwort ist ein Wort, das mit (mindestens) zwei anderen Wörtern zusammen jeweils ein neues Wort ergeben kann: eins als Wortanfang und eins als Wortende, z. B. Apfel – **Baum** – Rinde = Apfel**baum** und **Baum**rinde.
Stellen Sie der denkfitten Gruppe die Aufgabe vor und nennen Sie ein Beispiel. Geben Sie jeweils den Wortanfang und das Wortende vor. Die Teilnehmenden raten das Brückenwort.

Beispiele

Butter	?	Messer	*(Brot)*
Schnee	?	Schirm	*(Regen)*
Vogel	?	Hocker	*(Nest)*
Auto	?	Fahrt	*(Bahn)*
Pfeffer	?	Blech	*(Kuchen)*
Mode	?	Kleid	*(Puppen)*
Bier	?	Container	*(Glas)*
Tau	?	Bericht	*(Wetter)*
Apfel	?	Rinde	*(Baum)*

Variante

- Schreiben Sie die Wortanfänge und die Wortenden auf einen Flipchart oder eine Wandtafel. So fällt es leichter, das passende Brückenwort zu erraten.

TIPP *Wählen Sie dieses Wortspiel nur für sehr ratefitte Teilnehmende aus. Bieten Sie es gemeinsam mit anderen Wortspielen an.*

Zwei Begriffe, eine Gemeinsamkeit

Dieses Spiel wird in zwei Gruppen gespielt. Eine Gruppe überlegt sich zwei Begriffe (oder bekommt von Ihnen welche), die eine Gemeinsamkeit haben, z. B. Katze und Bürste – **Beide haben Haare**. Diese **Gemeinsamkeit** wird der zweiten Gruppe genannt, die dann versucht, die beiden Begriffe zu erraten. Dabei stellt die ratende Gruppe Fragen, die mit Ja oder Nein beantwortet werden können. Falls nötig, bekommt sie auch Tipps, z. B.: „Bei dem einen Begriff handelt es sich um ein Haustier, der andere ist ein Gegenstand aus dem Badezimmer." Wenn richtig geraten wurde, wird getauscht.

Beispiele

- Auto und Fahrrad – **Beide haben Räder**.
- Stuhl und Mensch – **Beide haben Beine**.
- See und Fluss – **Beide bestehen aus Wasser**.
- Glühbirne und Mond – **Beide spenden Licht**.
- Sonne und Heizung – **Beide spenden Wärme**.
- Postleitzahl und Telefonnummer – **Beide bestehen aus Zahlen**.
- Buch und Baum – **Beide haben Blätter**.
- Fliegenpilz und Tollkirsche – **Beide sind giftig**.

Variante

- Das Spiel kann auch mit nur einer Gruppe oder in der Einzelbetreuung gespielt werden, dann geben Sie als Spielleitung die Begriffe vor.

TIPP *Kombinieren Sie das Spiel in einer Gruppenstunde mit anderen Ratespielen, z. B. „Welches Brückenwort passt?“ (S. 54).*

Wer moderierte was?

Sie nennen den Teilnehmenden eine bekannte Fernsehsendung. Alle raten gemeinsam, wer die Sendung moderierte. Sagen Sie dazu, ob es sich um eine aktuelle oder um eine Sendung aus vergangenen Zeiten handelt.

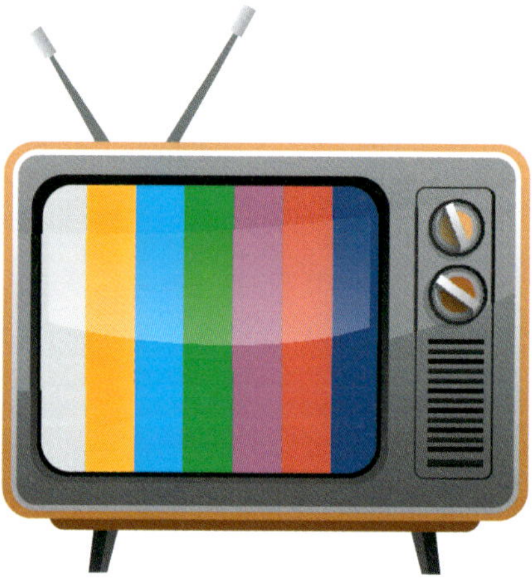

Beispiele

- Dalli Dalli – **Hans Rosenthal**
- Wetten, dass..? – **Frank Elstner**
  Thomas Gottschalk
- ZDF-Hitparade – **Dieter Thomas Heck**
- Vergissmeinnicht – **Peter Frankenfeld**
- Einer wird gewinnen – **Hans-Joachim Kulenkampff**
- erste Tagesschau-Sprecherin – **Dagmar Berghoff**
- Feste der Volksmusik – **Carmen Nebel**
  Florian Silbereisen
- Wer wird Millionär? – **Günther Jauch**

Variante

- Bieten Sie bei einer schreibfitten Gruppe eine Schreibvariante an. Dazu notieren Sie vorab eine Liste mit Sendungen auf einem Papier, das Sie für alle Teilnehmenden kopieren. Die Teilnehmenden schreiben die jeweiligen Moderator*innen dazu.

TIPP *Lassen Sie Gespräche über die Sendungen nicht nur zu, sondern fördern Sie diese.*

26

Wasser, Erde, Luft

Nennen Sie den Anfangsbuchstaben eines beliebigen Tieres und verraten Sie den Teilnehmenden, in welchem Element (Wasser, Erde, Luft) es sich hauptsächlich aufhält, z. B.: „Das gesuchte Tier beginnt mit dem Anfangsbuchstaben ‚K' und bewegt sich in der Luft." – gesucht ist der Kolibri. Nun ist die Person, die das richtige Tier erraten hat, an der Reihe, den Anfangsbuchstaben eines Tieres und das dazugehörige Element zu nennen. Sie können das Spiel so lange spielen, bis alle einmal an der Reihe waren oder solange die Motivation vorhanden ist.

TIPP *Bringen Sie Bewegung ins Spiel, indem Sie einen Ball mit in die Runde geben. Die Person, die das richtige Tier erraten hat, bekommt den Ball zugeworfen und gibt ihn wiederum an die Person weiter, die das nächste Tier errät.*

Beispiele

- **Wasser:** Hering, Delfin, Hai, Frosch ...
- **Erde:** Elefant, Hund, Katze, Pferd, Zebra, Ameise, Wurm ...
- **Luft:** Blaumeise, Rabe, Amsel, Biene, Mücke, Fliege ...

Variante

- Nennen Sie ein Element, z. B. Wasser. Ihr*e rechte*r Sitznachbar*in hat die Aufgabe, ein Tier zu nennen, das darin lebt, z. B. „Hai". Anschließend nennt er*sie ebenfalls ein Element. Die Person neben ihm*ihr muss wieder ein passendes Tier nennen.

Buchstaben-Puzzle

Sie geben drei Buchstaben vor, z. B. **lle**. Die Teilnehmenden suchen nach Wörtern, in denen die drei Buchstaben hintereinander vorkommen z. B. Te**lle**r, Ro**lle**r, Ri**lle**. Geben Sie die Buchstaben ein paar Mal vor. Wenn das Ratespiel gut angenommen wird, fragen Sie die Teilnehmenden, ob jemand die nächsten Buchstaben vorgeben möchte.

Varianten

- Geben Sie Doppelbuchstaben vor, die in einem Wort vorkommen sollen.

  Beispiele

  mm: Lamm, Summe, brummen, Amme, dumm
  tt: Mutter, Futter, bitten, Mitte, Sitte, Ritter
  ss: essen, Messe, Kissen, Kuss, Fluss

- Geben Sie bekannte Silben vor, mit denen Wörter gebildet werden sollen.

  Beispiele

  vor-: vorgehen, vorlaufen, vormachen, vorspielen
  ent-: entbinden, entlaufen, entbehren, entführen
  Ge-: Geschenk, Gebot, Geliebte, Gerede

TIPP *Setzen Sie das Buchstabenspiel in einer Gedächtnistrainingsrunde mit anderen Wortspielen ein, z. B. „Gegensätze raten" auf S. 48.*

28

Liederraten

Summen Sie eine bekannte Melodie. Die Teilnehmenden raten, um welches Lied es sich handelt. Falls sie es kennen, singen Sie gemeinsam die erste Strophe. Wer den Text nicht kennt, summt mit.

Beispiele

- „Kein schöner Land“
- „Ännchen von Tharau“
- „Der Mai ist gekommen“
- „Alle Vögel sind schon da“
- „Bunt sind schon die Wälder“
- „Es ist für uns eine Zeit angekommen“

Varianten

- Sie begleiten das Summen im Rhythmus mit einem Handinstrument, z. B. Schellenring.
- Sie geben eine Textzeile aus einem bekannten Lied vor, die Teilnehmenden erraten den Liedtitel.

Kreativspiele

Was fehlt?

Ordnen Sie auf dem Tisch für alle Teilnehmenden sichtbar fünf bis zehn bekannte Alltagsgegenstände an, z. B. Kugelschreiber, Taschentücher, Zahnbürste, Brillenetui. Die Teilnehmenden betrachten die Gegenstände (ca. drei Minuten) und merken sie sich. Nun decken Sie die Gegenstände mit einem Tuch ab, nehmen heimlich einen Gegenstand weg und legen ihn beiseite. Die Teilnehmenden raten nach dem Aufdecken des Tuches, welcher Gegenstand fehlt.

Varianten

- Sie nehmen heimlich zwei Gegenstände unter dem Tuch weg. Dies kann alternativ auch ein*e Teilnehmende*r übernehmen. In der Runde wird geraten, welche beiden Gegenstände verschwunden sind.
- Nachdem sich die Teilnehmenden die Gegenstände gut eingeprägt haben, decken Sie diese mit dem Tuch ab. Gemeinsam zählen die Teilnehmenden nun alle Gegenstände auf, die unter dem Tuch liegen.

TIPP *Wählen Sie Gegenstände aus einem bestimmten Themenbereich aus, z. B. Alltag, Haushalt, Werkzeuge, Schule. Die Begrenzung auf ein lebenswelt- und alltagsnahes Thema erleichtert die Verknüpfung im Gehirn.*

30

Musikalische Pantomime

Sie spielen pantomimisch ein Instrument, z. B. Klavier. Die Teilnehmenden raten, welches es ist. Wer richtigliegt, ist nun selbst an der Reihe mit der Darstellung eines Instruments. Spielen Sie so lange, bis jede*r Teilnehmende einmal an der Reihe war. Es darf dabei Wiederholungen geben.

Beispiele

Flöte, Querflöte, Schifferklavier, Trompete, Trommel, Geige, Cello, Mundorgel, Mundharmonika

Weiterführende Idee

Nennen Sie vier Instrumente und fragen Sie die Teilnehmenden: Welches Instrument passt nicht dazu und warum? Notieren Sie die Instrumente ggf. auf einem Flipchart oder einer Wandtafel.

Beispiele

- Trompete – Posaune – Flöte – **Gitarre** *(kein Blasinstrument)*
- Klanghölzer – **Posaune** – Flöte – Klarinette *(kein Holzinstrument)*
- Klavier – **Mandoline** – Spinett – Orgel *(kein Tasteninstrument)*

TIPP *Setzen Sie das Instrumentenraten bei einer musikalischen Aktivierung bzw. als Pausenfüller ein.*

31

Was ist anders?

Alle Teilnehmenden schauen sich den Raum und alle Gegenstände darin genau an. Ein*e Freiwillige*r verlässt nun das Zimmer oder schließt die Augen. Sie verstecken oder verstellen einen großen Gegenstand, z. B. einen Blumenstrauß, der auf einem Tisch steht. Der*die Teilnehmende kommt zurück bzw. öffnet die Augen, und rät, was nun im Raum anders ist. Wenn die Person richtigliegt, verändert sie in der nächsten Runde einen Gegenstand bzw. versteckt ihn, während die nächste freiwillige Person rät.

Varianten

- Alle Teilnehmenden schließen die Augen und Sie verändern oder verstecken in der Zeit einen großen Gegenstand. Alle Teilnehmenden raten gemeinsam, was sich verändert hat.
- Während die ratende Person draußen ist, verändern Sie in der Gruppe die Sitzordnung. Die zurückkehrende Person rät, wer nun an einem anderen Platz sitzt.

TIPP *Verändern oder verstecken Sie nur große und für die Teilnehmenden wichtige Gegenstände, damit das Spiel nicht zu schwierig wird.*

Morsespiel

Sie sitzen mit den Teilnehmenden im Stuhlkreis. Alle nehmen die Person rechts und links neben sich an die Hand. Sie beginnen und drücken mehrmals (z. B. 2- bis 3-mal) die Hand der Person links neben sich und sagen lediglich „Los!". Die Person zu Ihrer Linken sagt „Angekommen", wenn sie das Morsesignal empfangen hat und gibt es ihrerseits nach links weiter. So geht es reihum. Jede*r Teilnehmende gibt das Morsesignal so weiter, wie er*sie es empfangen hat. Kommt das Morsesignal bei Ihnen wieder so an, wie Sie es losgeschickt haben?

© Aleutie | Shutterstock.com

Beispiel

Variieren Sie in der Anzahl der Händedrücker, behalten Sie aber den gleichen Rhythmus bei:
1-mal kurz drücken + 1-mal kurz drücken = 2-mal kurz drücken
1-mal lang drücken + 1-mal lang drücken = 2-mal lang drücken

Variante

- Sie sagen „Los!“, wenn Sie das Morsezeichen senden. Die empfangende Person sagt weder „Angekommen!“ noch „Los!“. Warten Sie ab, wann das Morsezeichen wieder bei Ihnen ankommt.

33

Rückenmalerei

Leiten Sie dieses Wahrnehmungsspiel in einer bekannten und vertrauensvollen Situation an. Teilen Sie die Gruppe in Paare ein. Ein*e Teilnehmende*r malt mit leichtem Druck mit einem Finger eine einstellige Zahl auf den Rücken des*der anderen Teilnehmenden. Diese*r errät die Zahl. Anschließend wird gewechselt.

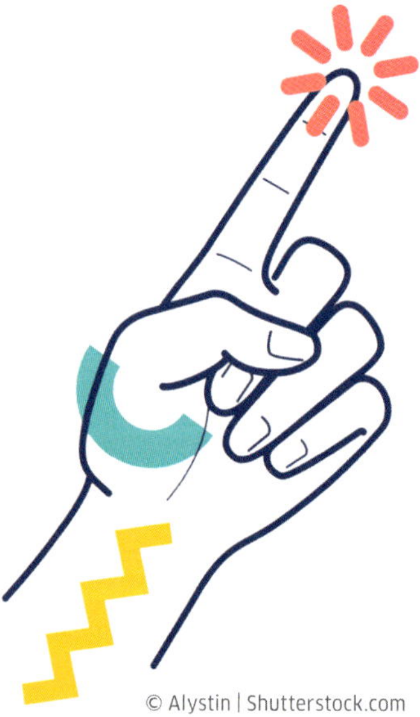

Varianten

- In einer kleinen Gruppe oder in der Einzelbetreuung schreiben Sie mit Ihrem Finger die Zahl auf den Rücken des*der Teilnehmenden.
- Nach einer kurzen Ankündigung wird langsam und deutlich eine zweistellige Zahl auf den Rücken geschrieben.
- Nach Ihrer Vorgabe wird eine einfache Form auf den Rücken gezeichnet.

  Beispiele

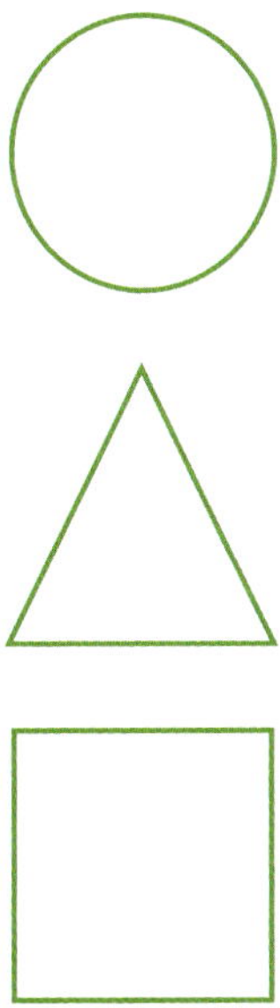

34

Was passt dazu?

Stellen Sie möglichst unterschiedliche, griffbereite Alltagsgegenstände zusammen, z. B. Löffel, Bleistift, Handy, Blumenstrauß. Teilen Sie die Teilnehmenden in zwei Gruppen ein. Zeigen Sie ihnen einen Gegenstand und nennen Sie drei Wörter dazu. Dabei passt eins der zugeordneten Wörter nicht zu dem gezeigten Gegenstand. Die Gruppe, die errät, welches Wort es ist, bekommt einen Punkt.

Beispiele

- Löffel = Suppe, Besteck, **Geschirr**
- Bleistift = Schule, **Angeln**, Zeichnen
- Handy = **Wählscheibe**, Telefonieren, Sprechen
- Blumenstrauß = Geburtstag, **Bäckerei**, Frühling

Variante

- Sie nennen zu dem gezeigten Gegenstand vier Begriffe, von denen einer nicht zum Gegenstand passt.

Weiterführende Idee

Bitten Sie die Teilnehmenden, eine Erinnerung oder eine kleine Geschichte zu erzählen, die sie mit dem Gegenstand verbinden. So fördern Sie das Erzählen und das Sprachvermögen.

TIPP *Falls Konkurrenzverhalten auftritt, können Sie das Spiel auch gemeinam in einer Gruppe spielen.*

Hören Sie gut zu!

Sie legen eine Auswahl an Alltagsgegenständen bereit, mit denen man ein Geräusch erzeugen kann, z. B. Kugelschreiber.
Die Teilnehmenden sitzen so, dass sie Sie und die Alltagsgegenstände nicht sehen können. Alternativ können Sie die Teilnehmenden bitten, die Augen zu schließen.
In einer entspannten und konzentrierten Situation erzeugen Sie nun ein Geräusch. Die Teilnehmenden raten, mit welchen Gegenständen das Geräusch erzeugt worden ist.
Wiederholen Sie das Geräusch, bis es erraten wird.

Beispiele

- Bleistift spitzen
- Kugelschreiber klicken
- Zeitung oder Buch umblättern
- Glas Wasser einschenken
- Löffel im Wasserglas rühren
- zwei Löffel gegeneinanderschlagen
- Löffel auf den Tisch klopfen
- Papier zwischen den Händen reiben
- Stuhl rücken

Weiterführende Idee

Nehmen Sie Geräusche mit dem Smartphone auf und spielen Sie diese dann ab, z. B. Müllauto, Türklappern, Hupen, Krankenwagen. Die Teilnehmenden erraten, welche Geräusche sie hören.

Wahr oder falsch?

Sie stellen Behauptungen auf, die entweder wahr oder falsch sind. Die Teilnehmenden raten, was richtig ist, z. B. „Die Kastanie ist eine Nuss. – Richtig oder falsch?" – **Falsch:** *Sie gehört zu den Buchengewächsen.* Es sollte sich um Wissensfragen handeln, die speziellere Themen behandeln, sodass in vielen Fällen tatsächlich geraten werden muss. Lassen Sie Diskussionen zu. Das Gespräch hat dann Vorrang.

Beispiele

- Apfelbäume werden immer im Oktober nach der Ernte geschnitten. – **Falsch:** *November bis März*
- Der Sperling ist ein Zugvogel. – **Falsch:** *Standvogel/ Jahresvogel*
- Wilde Erdbeeren gibt es schon seit der Steinzeit. – **Richtig**
- Mäuse sind Nagetiere. – **Richtig**
- Kartoffelpuffer werden klassisch mit Birnenkompott gegessen. – **Falsch:** *mit Apfelkompott*
- Der Frankfurter Kranz wird immer mit Buttercreme zubereitet. – **Richtig**
- Am Heiligabend stellen Kinder ihre Stiefel vor die Tür. – **Falsch:** *am Nikolaustag*

TIPP *Das Ratespiel bieten Sie am besten in einer kleinen Runde an oder integrieren es in das Gedächtnistraining.*

37

Gegenstände schätzen

Sie sitzen mit einigen Teilnehmenden in der Sitzrunde. Alle haben eine gute Übersicht über den Raum. Es geht bei dem Spiel darum, die Umgebung und die Gegenstände wahrzunehmen. Es soll geschätzt werden, wie viele Gegenstände sich mit einem bestimmten Anfangsbuchstaben im Raum befinden. Jede*r Teilnehmer*in schätzt reihum die Anzahl. Schreiben Sie die Schätzungen auf. Anschließend schauen Sie gemeinsam durch den Raum und sammeln alle Gegenstände mit dem vorgegebenen Buchstaben. Wer hat richtig geschätzt?

Beispiele

- **Gegenstände mit B:** Buch, Block, Buntstift, Blume
- **Gegenstände mit F:** Fenster, Fensterbank, Flurtür
- **Gegenstände mit K:** Kleid, Kunstbild, Keramikvase
- **Gegenstände mit S:** Stoffkissen, Sofa, Sessel, Schere

Variante

- Platzieren Sie vor Beginn der Runde einige Gegenstände mit den vorgegebenen Buchstaben in der unmittelbaren Nähe der Teilnehmenden.

Weiterführende Idee

Spielen Sie eine Variante von „Ich sehe was, was du nicht siehst". Wählen Sie gedanklich einen Gegenstand im Raum aus und stellen Sie die Frage: „Ich sehe was, was du nicht siehst, und das ist ein Gegenstand mit B. Welchen meine ich?" – gesucht ist das Buch. Wer geraten hat, darf weitermachen, wenn er möchte.

Montagsmalen

Bei diesem beliebten Spiel, das aus der Fernsehshow „Die Montagsmaler“ bekannt ist, zeichnen Sie auf einen Flipchart bzw. eine Wandtafel oder auf ein Blatt Papier mit wenigen Strichen einen Gegenstand, z. B. eine Kerze oder ein Herz, den die Teilnehmenden erraten. Wer richtiggelegen hat, zeichnet – falls er möchte – nun selbst einen Gegenstand.

Beispiele

Schuh, Stuhl, Vogel, Elefant, Hut, Kerze, Herz, Sonnenblume, Handschuh, Birne, Gehstock

Varianten

- In der Einzelbetreuung zeichnen der*die Teilnehmende und Sie – falls möglich – abwechselnd oder Sie übernehmen ausschließlich den zeichnenden Part.
- Zwei Gruppen, bestehend aus je mindestens drei Teilnehmenden, spielen gegeneinander. Jede Gruppe schreibt zu ratende Begriffe auf und bestimmt eine*n Maler*in. Sie als Spielleitung legen einen Ratezeitraum fest. Die beginnende Gruppe malt nun die Begriffe auf, die andere Gruppe versucht, möglichst viele Begriffe in dem vorgegebenen Zeitrahmen zu erraten. Die Gruppe, die in der Zeit die meisten Begriffe geraten hat, hat gewonnen.

TIPP *Geben Sie zu zeichnende Begriffe vor, das erleichtert den Einstieg in das Spiel.*

Welches Accessoire fehlt?

Alle sitzen im Kreis. Falls möglich, bitten Sie die Teilnehmenden vorab, ein auffälliges Accessoire zu tragen. Alternativ können Sie z. B. Servietten als Einstecktücher improvisieren, falls jemand weder Armreif noch Brosche, Schal, Armbanduhr o. Ä. trägt. Die Teilnehmenden prägen sich die Accessoires der anderen gut ein.
Ein*e freiwillige*r Teilnehmende*r verlässt kurz den Raum. Eine Person nimmt nun eines ihrer Accessoires ab. Die zurückkehrende Person tippt, bei welcher Person welches Accessoire fehlt.
Nun ist eine andere Person dran.

Varianten

- Tragen Sie selbst möglichst viele auffällige Accessoires und bitten Sie den*die ratende*n Teilnehmende*n, sich alle genau einzuprägen. Anschließend nehmen Sie im Verborgenen ein Accessoire ab, der*die Teilnehmende rät, welches.
  Beispiel
  Jacke, Tuch, breites Armband, sehr große Kette, Haarschmuck, großen Ring, Armbanduhr, eine Schultertasche
- Lassen Sie alle Teilnehmenden gleichzeitig raten, welches Accessoire Sie nicht länger tragen. Das senkt den Leistungsdruck in der Gruppe.

Tast-Kim

Bei dem bekannten Tast-Kim-Spiel decken Sie einige griffbereite Alltagsgegenstände, z. B. Teelöffel, Kamm, Brillenetui, mit einem Tuch ab. Nacheinander greift je ein*e Teilnehmende*r unter das Tuch, betastet einen Gegenstand und errät, ohne hinzusehen, worum es sich handelt. Wenn ein Gegenstand erraten wurde, wird er herausgenommen. Das Spiel ist zu Ende, wenn alle Gegenstände geraten sind.

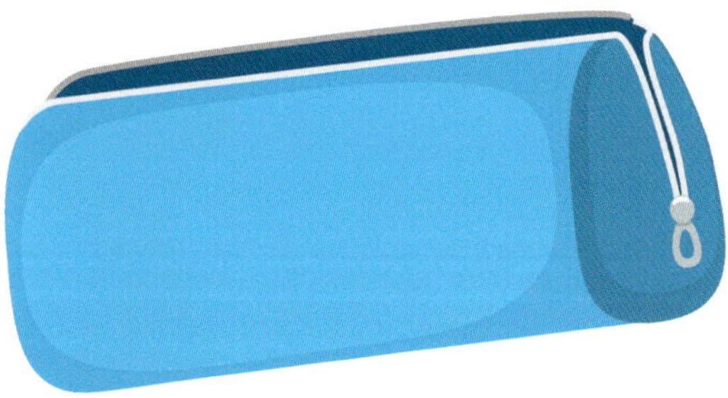

© Pogorelova Olga | Shutterstock.com

Beispiele

Suppenlöffel, Teelöffel, Würfelzucker, Kugelschreiber, Radiergummi, Kamm, Haarbürste, Brillenetui, Taschentücher

Varianten

- Sie können das Spiel gut mit zwei Teilnehmenden spielen. Wenn eine*r der Teilnehmenden richtig geraten hat, holt er*sie den Gegenstand hervor und der*die Spielpartner*in ist an der Reihe.
- Begrenzen Sie die Gegenstände auf ein Thema, z. B. „Naturmaterialien", wie Nuss, Kastanie, Stein, Blatt, Feder, und verstecken Sie diese in einem Säckchen.

TIPP *Achten Sie darauf, dass Sie keine scharfen oder verletzenden Gegenstände verwenden.*

Dalli Klick

Stellen Sie das bekannte Quizspiel aus der Fernsehshow „Dalli Dalli“ aus den 1970er- und 1980er-Jahren nach. Dazu nehmen Sie ein griffbereites, großes Kalenderblatt, eine Karte oder ein Bild mit einem großen Motiv, z. B. Baum, Blume, Gesicht, Tier. Decken Sie das Motiv je nach Verfügbarkeit mit Klebezetteln, Notizzetteln, kleinen Kärtchen oder mit Streichholzschachteln ab. Entfernen Sie den ersten Zettel und fragen Sie die Teilnehmenden, ob sie das abgebildete Motiv erkennen. Nehmen Sie auf Wunsch der Teilnehmenden weitere Zettel ab, bis diese das Bildmotiv erraten haben.

Varianten

- Benutzen Sie ein Bild, das den Teilnehmenden vertraut ist, z. B. das aktuelle Kalenderblatt.
- Verwenden Sie Tierbilder. Daran haben viele Teilnehmende besonders viel Freude.
- Für Menschen mit Demenz decken Sie das Motiv mit größeren Materialien ab, z. B. Bierdeckeln, damit große Teile des Motivs beim Aufdecken sichtbar werden.

42

Denken Sie um die Ecke!

Scherzfragen sind ein schöner Abschluss für eine Aktivierungsrunde. Erklären Sie, dass es sich um Fragen handelt, deren humorvolle Antworten oft „um die Ecke gedacht“ sind. Lesen Sie eine Scherzfrage vor, z. B.: „Wer hat es besser: Kaffee oder Tee?“ und lassen Sie die Teilnehmenden gemeinsam Antworten finden, hier z. B.: „Der Kaffee, er kann sich setzen. Der Tee muss ziehen.“

Beispiele

- Was ist ein *Pensch*?
  – Genau die Mitte von Lam*pensch*irm.
- Warum sollte ein Telefonfräulein nie Krankenschwester werden?
  – Weil sie doch immer falsch verbinden würde.
- Was fliegt durch die Luft, ist schwarz und hat zwei Beine? – ein Rabe
  Was fliegt durch die Luft, ist schwarz und hat vier Beine? – zwei Raben
  Was fliegt durch die Luft, ist schwarz und hat sechs Beine? – eine Fliege
- Welches Tier hat Talent zum Apotheker?
  – Die Ziege, sie frisst Kräuter und dreht Pillen.
- Welcher ist der kälteste Vogel?
  – Der Z*eisig*, denn er ist hinten *eisig*.
- Welcher ist der musikalischste Vogel?
  – Der Kan*arien*vogel, der kann *Arien*.

Interaktions-spiele

43

Ich bin Frau Müller

Sie sitzen mit den Teilnehmenden im Sitzkreis oder in der Tischrunde. Erklären Sie das Kennenlern-Ratespiel und beginnen Sie mit Ihrem eigenen Namen, z. B. „Ich bin Frau Müller und mein Vorname beginnt mit G." Alle Teilnehmenden raten nun, welchen Vornamen Sie, Frau Müller, haben. Wer richtig geraten hat, ist anschließend an der Reihe.

Varianten

- Wenn ein Vorname schwierig zu erraten ist, nennen Sie noch den zweiten Buchstaben.
  Beispiel
  „Ich bin Frau Müller und mein Vorname beginnt mit Ge."

Weiterführende Idee

Fragen Sie die Teilnehmenden in einer weiteren Runde nach den Vornamen der Personen: „Wer weiß noch den Vornamen von Herrn Schulz?"

TIPP *Unterstützen Sie Teilnehmende mit kognitiven Einschränkungen mit persönlicher Ansprache.*

44

Herr Bender raucht gern Zigarren

Sie sitzen im Stuhlkreis und beginnen, indem Sie über eine andere Person in der Runde eine These aufstellen und dieser den Ball zuwerfen, z. B.: „Herr Bender raucht gern Zigarren." Die Person bejaht oder verneint die These und wirft den Ball an eine*n andere*n Teilnehmer*in weiter und stellt eine Vermutung über diese*n an.

TIPP *Stellen Sie vorher die Regel auf, dass nur wohlwollende und positive Aussagen über die vorgestellte Person getroffen werden dürfen.*

Variante

- In einer neuen Runde nennen die Teilnehmenden die Namen der anderen Personen sowie die dazu aufgestellten Thesen, z. B.: „Das ist Herr Bender und er raucht gern Zigarren."

Weiterführende Idee

Sie nennen Ihren Namen und werfen den Ball einer Person zu. Diese fängt ihn, sagt nun ihren Namen und wirft den Ball weiter.

45

Mein rechter, rechter Platz

Spielen Sie eine Variante des altbekannten Spieleklassikers! Sie sitzen mit den Teilnehmenden im Stuhlkreis. Der Platz neben Ihnen ist leer. Sie beginnen und sagen: „Mein rechter, rechter Platz ist leer, ich wünsche mir den Herrn mit dem roten Pullover her." – ohne den Namen auszusprechen. Der genannte Teilnehmende geht nun zum freien Platz und setzt sich neben Sie. Die Person, neben der nun rechts ein Platz frei ist, macht weiter und wünscht sich wieder jemanden her. Während des gesamten Spiels werden keine Namen, sondern nur optische Besonderheiten der Personen beschrieben, die die Teilnehmenden zu sich wünschen. Das erhöht den Ratefaktor.

Varianten

- Die Teilnehmenden nennen Namen statt optischer Besonderheiten wie Kleidung, z. B.: „Mein rechter, rechter Platz ist leer, ich wünsche mir Frau Kiefer her."
- Falls Sie eine größere Gruppe anleiten, können Sie nach Geburtstagsdaten fragen: „Mein rechter, rechter Platz ist frei, ich wünsche mir jemanden, der am 23. März geboren ist, herbei."

TIPP *Unterstützen Sie, falls Teilnehmende mit Mobilitätseinschränkungen mitspielen. Bei Rollstuhlbenutzer*innen und mobilitätseingeschränkten Teilnehmenden empfiehlt sich die Anwesenheit einer weiteren Betreuungsperson.*

Wo ist mein*e Partner*in?

Für dieses Spiel wird eine gerade Anzahl an Teilnehmenden benötigt. Es ist auch gut geeignet, um Paare für ein anderes Spiel zusammenzustellen. Schneiden Sie vorab, je nach Teilnehmerzahl, Postkarten oder andere griffbereite Karten in der Mitte durch und mischen diese gut. Jede*r Teilnehmende bekommt die Hälfte einer Karte und sucht nun die Person, die die andere Hälfte hat. Welche Karten gehören zusammen? Das Spiel ist beendet, wenn alle ihre Postkarten-Partner*innen gefunden haben.

Varianten

- Wählen Sie möglichst farblich unterschiedliche Postkartenmotive aus oder verschiedenfarbige Karten. So finden die Teilnehmenden schneller zueinander.
+ Zerschneiden Sie einfarbige Karten in unterschiedlichen Zickzacklinien, die die Teilnehmenden zusammenfügen müssen.

TIPP *Unterstützen Sie geheingeschränkte Teilnehmende und Rollstuhlbenutzer*innen und leisten Sie ggf. Hilfestellung.*

Visitenkarte

Das Spiel ist für eine kleine, vertrauenvolle Gruppe mit bis zu sechs Teilnehmenden geeignet. Jede*r schreibfitte Teilnehmende schreibt auf ein Blatt Papier sein*ihr Alter bzw. Geburtsjahr, Haarfarbe, Augenfarbe und früheren Beruf. Geben Sie Unterstützung bei Teilnehmenden, die nicht selbstständig schreiben können. Nun werden alle Zettel zusammen in ein Gefäß getan. Jede*r zieht nun eine Visitenkarte einer anderen Person aus dem Gefäß. Nach dem Vorlesen wird gemeisam geraten, wer die Person auf der Visitenkarte ist.

Varianten

- Die Teilnehmenden fügen ihrer Visitenkarte noch den Vornamen hinzu.
- Sie können die Visitenkarte um das Merkmal „Hobby" ergänzen.

Weiterführende Idee

Ergänzen Sie die Kennenlernrunde, indem sich jede*r Teilnehmer*in reihum nochmals mit Namen und einem besonderen Merkmal vorstellt.
Zum Schluss fragen Sie:
„Wer weiß noch, wie Frau Eberhard mit Vornamen heißt?" oder „Wer weiß noch, welches schöne Hobby Frau Eberhard hat?"

Geburtsmonate raten

Sie beginnen und sagen z.B.: „Ich bin in dem Monat geboren, der macht, was er will. In welchem Monat bin ich geboren?" Die Teilnehmenden raten nun Ihren Geburtsmonat mithilfe des Hinweises, den sie bekommen haben. Die Person, die zuerst richtig geraten hat, spielt weiter und beschreibt in wenigen Worten den eigenen Geburtsmonat, ohne ihn zu nennen. Die Person, die richtig geraten hat, ist als Nächstes an der Reihe. Das Spiel ist beendet, wenn alle Geburtsmonate der Teilnehmenden erraten wurden.

Variante

- Fragen Sie in einer weiteren Spielrunde nochmals alle genannten Geburtsmonate und die zugehörigen Personen ab: „Wer weiß noch, wer im Monat April geboren ist?"

Weiterführende Idee

Sie beginnen mit einer Vornamen-Raterunde: „Mein Vorname beginnt mit W. Wie heiße ich wohl?" Die Teilnehmenden raten so lange, bis der richtige Name genannt wird. Die Person, die richtig geraten hat, ist nun an der Reihe. Das Spiel ist beendet, wenn alle Namen erraten wurden.

TIPP *Sie können das Ratespiel als Kennenlernspiel oder als kognitive Aktivierungseinheit einer Gedächtnistrainingsrunde einsetzen.*

49

Mein Lieblingsessen ist ...

Die Teilnehmenden beschreiben reihum ihr Lieblingsessen oder ein Lieblingsnahrungsmittel. Dafür benutzen sie umschreibende Formulierungen, ohne das Gericht selbst oder das Nahrungsmittel zu benennen, z. B.: „Mein Leibgericht besteht aus zwei Komponenten. Die erste Komponente wird in einem Gerät ausgebacken und die andere ist sehr kalt.“

(Waffel mit Eis)

Wer die Speise errät, ist selbst an der Reihe, das Leibgericht zu umschreiben.

Beispiele

- „Mein Lieblingsgericht isst man gern im Frühjahr mit frischen Kräutern und Eiern." *(Grüne Soße)*
- Meine Lieblingsspeise besteht aus Zutaten, die quer durch den Garten zu finden sind. *(Gemüsesuppe)*
- Meine Lieblingsfrucht ist rot und wird im Juni geerntet. *(Erdbeere)*

Variante

- Wenn das Lieblingsessen nicht gleich geraten wird, beschreibt der*die Teilnehmer*in so lange weiter, bis jemand darauf kommt.

TIPP *Das Spiel regt zu Gesprächen über Mahlzeiten und Rezepte an. Lassen Sie kurze Unterhaltungen zu.*

50

Was reimt sich?

Geben Sie ein Wort vor, z.B. Buch. Fragen Sie die Teilnehmenden, wie viele Wörter sich schätzungsweise auf das von Ihnen vorgegebene Wort reimen. Reihum schätzen die Teilnehmenden eine Anzahl von Reimwörtern. Anschließenend nennen alle Personen der Reihe nach ein Wort, das sich auf „Buch" reimt, bis keins mehr gefunden werden kann. Wer hat die Anzahl der Reimwörter richtig geschätzt?

Beispiel

fliegen: biegen – siegen – Ziegen – schieben – wiegen – kriegen ...

Varianten

- Alle, denen Reimwörter einfallen, dürfen es in die Runde rufen.
- Zwei Gruppen erhalten Papier und Stift und notieren möglichst viele Reimwörter zu dem vorgegebenen Wort. Die Gruppe, die nach einer bestimmten Zeit, z. B. acht Minuten, die meisten Reimwörter gefunden hat, hat gewonnen und gibt das nächste Wort vor.

TIPP *Das Spiel eignet sich gut im Zusammenhang mit anderen Wortspielen, z. B. „Welches Brückenwort passt“ auf S. 54.*

51

Wer ist denn das?

Das Spiel ist für eine Gruppe mit Rateerfahrung geeignet. Sie notieren vorab zu jeder Teilnehmenden einige **positive** Eigenschaften auf je ein Blatt Papier – nicht aber den Namen dazu – und falten es. Eine Person zieht ein beliebiges Blatt, liest die Eigenschaften vor und rät, wer hier beschrieben wird. Die anderen Teilnehmenden dürfen mitraten, falls die ratende Person nicht weiterkommt. Wenn die Eigenschaften der richtigen Person zugeordnet worden sind, ist der*die nächste Teilnehmende an der Reihe.

Variante

- Jede*r Teilnehmende sucht sich eine Person aus der Runde aus und notiert sich zu dieser einige positive Eigenschaften auf einem Blatt Papier. Unterstützen Sie bei weniger schreibfitten Teilnehmenden. Anschließend werden die Zettel gemischt und getauscht. Nacheinander wird vorgelesen und die entsprechende Person erraten.

  Beispiel

  „Meine Person ist weiblich.
  Sie trägt gern bunte Blusen.
  Sie lacht gern und hat viel zu erzählen.
  Sie hat auch immer ein Ohr für andere."

TIPP *Das Spiel erfordert eine vertrauensvolle Gruppenathmosphäre. Die Teilnehmenden sollten einander kennen.*

52

Abc-Spiel mit dem Ball

Aufgabe der Teilnehmenden ist es, zwei Begriffe mit einem Anfangsbuchstaben zu einer von Ihnen vorgegebenen Kategorie zu finden. Werfen Sie einer Person einen Ball zu und fragen Sie sie z. B.: „Welche Blumenarten kennen Sie, die mit **A** beginnen?“ Der Ball wird mit der Antwort an Sie zurückgeworfen und Sie werfen einer anderen Person den Ball zu. Die zweite Person soll nun z. B. zwei Tiere finden, die mit **B** beginnen, die dritte Person überlegt sich zwei Lebensmittel mit **C**.

Beispiele

- Kennen Sie zwei Automarken, die mit **A** anfangen?
  *(z. B. **A**udi, **A**lfa Romeo)*
- Welche zwei Bäume kennen Sie, die mit **B** beginnen?
  *(z. B. **B**irnbaum, **B**uche)*
- Nennen Sie weibliche Vornamen, die mit **C** beginnen.
  *(**C**hrista, **C**hristine)*

Varianten

- Die Person, die geraten hat, wirft einer anderen Person den Ball mit einer neuen Frage zu.
- Zwei Gruppen sitzen einander gegenüber. Ein*e Teilnehmende*r wirft einer Person aus der anderen Gruppe den Ball zu und stellt eine Frage (s. Beispiele). Wenn die Antwort richtig ist, gibt es einen Punkt für die Gruppe und die Person wirft den Ball mit einer Frage zur einer Person aus der gegnerischen Gruppe.

TIPP *Stellen Sie alltagsnahe Fragen, das motiviert und Sie fördern die Fähigkeiten auch bei kognitiv eingeschränkten Teilnehmenden.*

Welche ist „die Stadt der Liebe“?

Das Ratespiel können Sie mit einer rategewohnten Gruppe spielen. Eine freiwillige Person nimmt vor der Tür Platz und Sie beraten sich kurz mit den übrigen Teilnehmenden: Welche sehr bekannte Stadt möchten sie umschreiben und erraten lassen? Lassen Sie die Teilnehmenden Vorschläge machen, z. B. Paris. Wenn sie sich gemeinsam entschieden haben, bitten Sie die ratende Person wieder herein. Die Teilnehmenden stellen die Stadt nun in ihren eigenen Worten vor. Sie unterstützen, falls nötig. Wenn die Stadt erraten wurde, gibt es einen Applaus und die nächste Person darf raten.

Beispiele

- **Wien**: Es ist eine schöne Stadt am Rande der Alpen. Die Donau fließt hindurch. Berühmte Musiker, wie die Familie Strauss, wurden hier geboren. Es gibt einen gleichnamigen bekannten Walzer.
- **Paris**: Sie ist die Stadt der Liebe. Das Gemälde der Mona Lisa ist hier zu bewundern. Die Seine fließt durch diese Stadt.
- **Dresden**: Sie ist eine schöne Stadt an der Elbe. Das blaue Wunder und viele Kunstwerke sind hier zu sehen. Nach dem Krieg wurde hier eine berühmte Kirche vollständig wieder aufgebaut.
- **München**: Sie ist eine sehenswerte Landeshauptstadt. Jährlich im Oktober werden viele festfreudige Menschen angelockt. Hier haben auch schon einmal die Olympischen Spiele stattgefunden.

Variante

- Sie variieren den Schwierigkeitsgrad, indem Sie die Stadt mit noch mehr Merkmalen beschreiben.

Lieblingsfarbe

Sie beginnen und stellen sich vor: „Mein Name ist Frau Schmied und meine Lieblingsfarbe ist Grün wie das Gras".
Reihum stellen sich alle Teilnehmenden auf diese Weise vor: mit Namen und Lieblingsfarbe sowie einem Gegenstand, den es typischerweise in dieser Farbe gibt. Falls jemandem kein klassisches Beispiel einfällt, können Sie und die anderen Teilnehmenden unterstützen.
Wenn sich jede*r vorgestellt hat, fragen Sie alle Farben ab, z. B.: „Wer weiß noch, welche Lieblingsfarbe ich habe?", „Wer weiß noch, welche Lieblingsfarbe Herr Westerfeld hat?"

Beispiele

- Meine Lieblingsfarbe ist Gelb wie die Sonne.
- Meine Lieblingsfarbe ist Beige wie der Meeressand.
- Meine Lieblingsfarbe ist Rot wie eine Kirsche.

Weiterführende Idee

Legen Sie im Kreis oder in der Tischmitte unifarbene, bunte Tücher oder Papiere aus. Bitten Sie die Teilnehmenden, sich ein Tuch oder ein Blatt Papier in der Lieblingsfarbe auszusuchen. Lassen Sie zu der Farbe eine Assoziation finden, z. B. Gelb wie die Sonne, Grün wie das Gras.

Flaschendrehen mal anders

Spielen Sie das bekannte Spiel doch mal mit Ratefaktor! Sie sitzen im Stuhlkreis oder in der Tischrunde. In der Mitte liegt eine leere Flasche. Sie beginnen und drehen die Flasche. Die Person, auf die die Flasche zeigt, erzählt: „Ich habe noch nie …“ – z. B. einen Baum gepflanzt oder grünen Tee getrunken. Alle merken sich die Antwort. Danach dreht diese Person die Flasche. Unterstützen Sie dabei ggf. Wenn jede*r einmal dran war, fragen Sie und lassen alle raten: „Wer erinnert sich, was Frau Meier noch nie gemacht hat?“

Variante

- Wählen Sie nach Interesse und Fähigkeiten der Gruppe andere Themen aus.

  Beispiele

  - „Ich esse am liebsten ... (Bratwurst mit Spiegelei)."
  - „Mein Lieblingsort ist ... (mein Garten)."
  - „Meine Lieblingssendung ist ... (Tierärztin Dr. Mertens)."
  - „Ich mag am allerwenigsten ... (Menschen, die laut sind)."

TIPP *Flaschendrehen ist auch ein interessantes Kennenlernspiel: Jede*r Teilnehmende gibt das von sich preis, was er*sie möchte.*

Geragogische Ziele

Nr.	Spiel	Seite	Ziele
1	Teekesselchen raten	8	Assoziatives Denken Langzeitgedächtnis
2	Stadt, Land, Fluss mal anders	10	Wortschatz/Wortfindung Langzeitgedächtnis
3	Stille Post	12	Wahrnehmung
4	Beruferaten	14	Konzentration Flexibles Denken
5	Ich sehe was, was du nicht siehst	16	Konzentration Wahrnehmung
6	Ich packe meinen Koffer	18	Konzentration Kurzzeitgedächtnis
7	Ringlein, Ringlein	20	Konzentration Wahrnehmung
8	Schiffchen versenken	22	Konzentration
9	Zuzwinkern	24	Konzentration Wahrnehmung
10	Scharade	26	Assoziatives Denken Fantasie/Kreativität
11	Uhrenspiel	28	Wortschatz/Wortfindung Assoziatives Denken
12	Kennen Sie noch Muckefuck?	30	Wortschatz/Wortfindung Langzeitgedächtnis
13	Wer bin ich?	32	Fantasie/Kreativität Flexibles Denken

Nr.	Spiel	Seite	Ziele
14	Satz für Satz	36	Assoziatives Denken Flexibles Denken
15	Wörter im Wort	38	Wortschatz/Wortfindung Assoziatives Denken
16	Wo gehört das hin?	40	Langzeitgedächtnis
17	Max und ... (Moritz)	42	Assoziatives Denken Langzeitgedächtnis
18	Was gehört nicht dazu?	44	Logisches Denken Assoziatives Denken
19	Gedanken-spaziergang	46	Konzentration Kurzzeitgedächtnis
20	Gegensätze raten	48	Logisches Denken Wortschatz/Wortfindung
21	Verdrehte Sprichwörter	50	Flexibles Denken Langzeitgedächtnis
22	Namensinitialen gesucht!	52	Assoziatives Denken
23	Welches Brücken-wort passt?	54	Logisches Denken Wortschatz/Wortfindung Flexibles Denken
24	Zwei Begriffe, eine Gemeinsamkeit	56	Logisches Denken Flexibles Denken
25	Wer moderierte was?	58	Langzeitgedächtnis
26	Wasser, Erde, Luft	60	Konzentration Flexibles Denken Bewegung

Nr.	Spiel	Seite	Ziele
27	Buchstaben-Puzzle	62	Wortschatz/Wortfindung Assoziatives Denken
28	Liederraten	64	Wahrnehmung Langzeitgedächtnis
29	Was fehlt?	68	Konzentration Wahrnehmung
30	Musikalische Pantomime	70	Konzentration Wahrnehmung Logisches Denken
31	Was ist anders?	72	Konzentration Wahrnehmung Kurzzeitgedächtnis
32	Morsespiel	74	Konzentration Wahrnehmung
33	Rückenmalerei	76	Konzentration Wahrnehmung Bewegung
34	Was passt dazu?	78	Assoziatives Denken Flexibles Denken
35	Hören Sie gut zu!	80	Wahrnehmung Konzentration Assoziatives Denken
36	Wahr oder falsch?	82	Fantasie/Kreativität Logisches Denken
37	Gegenstände schätzen	84	Wahrnehmung Konzentration

Nr.	Spiel	Seite	Ziele
38	Montagsmalen	86	Fantasie/Kreativität Assoziatives Denken
39	Welches Accessoire fehlt?	88	Wahrnehmung Konzentration
40	Tast-Kim	90	Wahrnehmung Langzeitgedächtnis
41	Dalli Klick	92	Wahrnehmung Konzentration Assoziatives Denken
42	Denken Sie um die Ecke!	94	Fantasie/Kreativität Flexibles Denken
43	Ich bin Frau Müller	98	Wortschatz/Wortfindung Kurzzeitgedächtnis
44	Herr Bender raucht gern Zigarren	100	Konzentration Bewegung
45	Mein rechter, rechter Platz	102	Konzentration Bewegung
46	Wo ist mein*e Partner*in?	104	Wahrnehmung Bewegung
47	Visitenkarte	106	Konzentration Assoziatives Denken Kurzzeitgedächtnis
48	Geburtsmonate raten	108	Konzentration Kurzzeitgedächtnis
49	Mein Lieblingsessen ist ...	110	Kurzzeitgedächtnis Logisches Denken

Nr.	Spiel	Seite	Ziele
50	Was reimt sich?	112	Wortschatz/Wortfindung Fantasie/Kreativität
51	Wer ist denn das?	114	Konzentration Wahrnehmung
52	Abc-Spiel mit dem Ball	116	Wortschatz/Wortfindung Bewegung
53	Welche ist „die Stadt der Liebe“?	118	Konzentration Assoziatives Denken
54	Lieblingsfarbe	120	Konzentration Kurzzeitgedächtnis
55	Flaschendrehen mal anders	122	Fantasie/Kreativität Kurzzeitgedächtnis